NordSüd/bi:libri-Ausgabe
© 1992 NordSüd Verlag AG, Franklinstrasse 23, CH-8050 Zürich
Alle Rechte, auch die der Bearbeitung oder auszugsweisen
Vervielfältigung, gleich durch welche Medien, vorbehalten.
Herausgegeben in Kooperation mit Edition bi:libri, München.
Übersetzung ins Englische: Dr. Kristy Clark Koth
@ 2017 Edition bi:libri, München
Lithografie: Photolitho AG, Schweiz
Gestaltung: fraufederer.ch
Printed in China
ISBN 978-3-19-159598-2
1. Auflage 2017
www.nord-sued.com
www.edition-bilibri.de
www.hueber.de/bilibri
Bei Fragen, Wünschen oder Anregungen schreiben Sie bitte an: info@nord-sued.com

Marcus Pfister

DER REGENBOGENFISCH

THE RAINBOW FISH

NordSüd bi:libri

Weit draußen im Meer lebte ein Fisch. Doch kein gewöhnlicher Fisch, nein. Er war der allerschönste Fisch im ganzen Ozean. Sein Schuppenkleid schillerte in allen Regenbogenfarben.

Far, far away, in the open sea, lived a fish. But he wasn't a normal fish, no, no! He was the most beautiful fish in the entire ocean. His suit of scales sparkled in all the colors of the rainbow.

Die anderen Fische bewunderten sein bunt schillerndes Schuppenkleid. Sie nannten ihn Regenbogenfisch.
„Komm, Regenbogenfisch! Komm spiel mit uns!" Aber der Regenbogenfisch glitt immer stumm und stolz an ihnen vorbei und ließ seine Schuppen glitzern.

The other fish admired his colorful, sparkling suit of scales. They called him Rainbow Fish.
"Hey, Rainbow Fish! Come play with us!" But Rainbow Fish just glided past them, silent and proud, letting his scales glitter.

Ein kleiner, blauer Fisch schwamm hinter ihm her. „Regenbogenfisch, Regenbogenfisch, warte auf mich! Gib mir doch eine deiner Glitzerschuppen. Sie sind wunderschön, und du hast so viele!"

A little blue fish swam along behind him. "Rainbow Fish, Rainbow Fish, wait for me! Won't you give me one of your glitter-scales? They are so beautiful and you have so many!"

„Dir soll ich eine meiner Schuppen schenken? Wo denkst du hin!", rief der Regenbogenfisch. „Mach, dass du fortkommst!"
Erschrocken schwamm der kleine, blaue Fisch davon.
Aufgeregt erzählte er seinen Freunden vom Erlebnis mit dem Regenbogenfisch. Von da an wollte keiner mehr etwas mit ihm zu tun haben. Sie kehrten sich ab, wenn er vorbeischwamm.

"You want me to give you one of my scales? You must be kidding!" Rainbow Fish cried. "Get out of here!"
Startled, the little blue fish swam away. He was very upset and told his friends about his encounter. After that, no one wanted to have anything to do with Rainbow Fish. They swam away whenever he came near.

*Was nutzten dem Regenbogenfisch nun seine herrlich glitzernden
Schuppen, wenn sie von niemandem mehr bewundert wurden?
Jetzt war er der einsamste Fisch im ganzen Ozean!
Eines Tages klagte er dem Seestern sein Leid. „Ich bin doch schön.
Warum mag mich denn niemand?"
„In einer Höhle hinter dem Korallenriff wohnt der weise Tintenfisch
Oktopus. Vielleicht kann er dir helfen", riet ihm der Seestern.*

What good is it to have beautiful glitter-scales, when there's no one
around to admire them? Rainbow Fish was now the loneliest fish in
the whole ocean!
One day, he complained bitterly to the starfish. "I'm beautiful!
So how come no one likes me?"
"The wise Octopus lives in a cave behind the coral reef. Maybe he
can help you," the starfish suggested.

Der Regenbogenfisch fand die Höhle. Finster war es hier. Er konnte kaum etwas sehen. Doch plötzlich leuchteten ihm zwei Augen entgegen.

Rainbow Fish found the cave. It was dark and a little frightening. He could hardly see anything. Then suddenly he saw two eyes shining back at him.

„Ich habe dich erwartet", sagte Oktopus mit tiefer Stimme. „Die Wellen haben mir deine Geschichte erzählt. Höre meinen Rat: Schenke jedem Fisch eine deiner Glitzerschuppen. Dann bist du zwar nicht mehr der schönste Fisch im Ozean, aber du wirst wieder fröhlich sein."

"I was expecting you," said Octopus in a deep voice. "The waves brought me your story. Listen to my advice: Give each fish one of your glitter-scales. Then you will no longer be the most beautiful fish in the sea, but you will be happy again."

*„Aber ...“, wollte der Regenbogenfisch noch sagen, doch da war
Oktopus schon in einer dunklen Tintenwolke verschwunden.
„Meine Schuppen verschenken? Meine schönen Glitzerschuppen?“,
dachte der Regenbogenfisch entsetzt. „Niemals! Nein. Wie könnte
ich ohne sie glücklich sein?“*

Before Rainbow Fish could object, Octopus had already
disappeared in a dark cloud of ink.
"Give away my scales? My pretty glitter-scales?" the Rainbow Fish
said appalled. "Never! No. How could I be happy without them?"

*Plötzlich spürte er einen leichten Flossenschlag neben
sich. Der kleine, blaue Fisch war wieder da!
„Regenbogenfisch, bitte, sei nicht böse. Gib mir doch
eine kleine Glitzerschuppe."
Der Regenbogenfisch zögerte. „Eine ganz, ganz kleine
Glitzerschuppe", dachte er, „na ja, die werde ich kaum
vermissen."*

Just then he felt the light stroke of a fin nearby. The little
blue fish had come back!
"Rainbow Fish, please, don't be angry. Won't you give
me just one little glitter-scale?"
Rainbow Fish hesitated. "I guess I won't really miss just
one teeny tiny little glitter-scale," he thought.

Sorgfältig zupfte der Regenbogenfisch die kleinste Glitzerschuppe aus seinem Kleid. „Hier, die schenk ich dir! Doch nun lass mich in Ruhe!"
„Vielen, vielen Dank!", blubberte der kleine, blaue Fisch übermütig. „Du bist lieb, Regenbogenfisch."
Dem Regenbogenfisch wurde es ganz seltsam zumute. Er sah dem kleinen, blauen Fisch mit seiner Glitzerschuppe lange nach, wie er so glücklich kreuz und quer durchs Wasser davonschwamm.

Carefully, Rainbow Fish plucked the smallest glitter-scale from his suit. "Here, you can have this one! But leave me alone now!"
"Thank you so much!" burbled the little blue fish with excitement. "You're so kind, Rainbow Fish."
Rainbow Fish suddenly felt very strange. For a long time, he watched the little blue fish joyfully swim away, back and forth through the water, carrying the glitter-scale.

Der kleine, blaue Fisch flitzte mit seiner Glitzerschuppe durchs Wasser. So dauerte es gar nicht lange, bis der Regenbogenfisch von anderen Fischen umringt war. Alle wollten eine Glitzerschuppe haben. Und siehe da, der Regenbogenfisch verteilte seine Schuppen links und rechts. Und er wurde dabei immer vergnügter. Je mehr es um ihn herum im Wasser glitzerte, desto wohler fühlte er sich unter den Fischen.

The little blue fish darted through the water with his glitter-scale. It didn't last long before Rainbow Fish was surrounded by other fish. Everyone wanted a glitter-scale. And what do you know? Rainbow Fish started handing out his scales, one after the other. And he was feeling happier with each gift. The more sparkly the water became, the more he enjoyed being among the fish.

*Schließlich blieb dem Regenbogenfisch nur noch eine einzige Glitzerschuppe.
Alle anderen hatte er verschenkt! Und er war glücklich, glücklich wie nie zuvor!
„Komm, Regenbogenfisch, komm spiel mit uns!", riefen die anderen.
„Ich komme!", sagte der Regenbogenfisch und zog fröhlich mit den Fischen davon.*

In the end, Rainbow Fish had only one single glitter-scale left. He had given
all the others away! And he was happy! Happier than he'd ever been!
"Come, Rainbow Fish! Come and play with us!" the others called out.
"I'm coming!" Rainbow Fish replied and off he went with the other fish.